पारस

गौतम कुमार

पूजनीय पिताजी की भावनाओं से प्रेरित ज़िंदगी से हताश लोगों को समर्पित, जीने की नयी आशा दिखाती पुस्तक।

क्रम-सूची

क्रम-सूची

क्रम-सूची

प्रस्तावना

यूं तो मेरे लिखने का सिलसिला मेरे कॉलेज के जमाने से शुरू हो गया, पर पुस्तक लाने का विचार 2022 में आया और तब तक मैंने हजार से ज्यादा रचनाएँ कर दी थी, मेरी दिली ख्वाइश थी कि पहली पुस्तक प्रेरणा युक्त होगी जो जीवन से हताश लोगों को जीने में मदद करेगी। इस ओर बढ़ते हुए मैंने पुस्तक बनाने योग्य कवितायें भी बना ली थी पर, 20-12-2022 को एक घटना में मैंने उन सब कविताओं को खो दिया जो मैंने वर्षों की मेहनत से बनाये थे। मेरे पुस्तक लाने का स्वप्न जैसे टूट सा गया था। मैं काफी हताश था कि अब मैं क्या करूँ। फिर मैंने सोचा कि कोई तो ऐसी ताकत है जो मुझे ऐसा करने से रोक रही है। मैं नहीं जानता वो कौन था खुद भगवान या कोई मेरा कोई दुश्मन लेकिन मैंने उसे हराने का पक्का इरादा कर लिया और इस इरादे को पूरा करने में मेरी पत्नी का जो सहयोग मिला उसे में ब्यान करना मुश्किल है। उसने कहा क्या हुआ जो रचनाएँ खो गयी आपकी थी तो फिर से मिल जाएगी।पर, समय के आभाव के कारण मुझे ये पुस्तक लाने में 1.5 वर्ष लग गये।

मैंने समय के साथ मेरे अपने अंदर उठते उन विचारों को कैद किया जो मुझे किसी भी हालत में पुस्तक बनाने के लिए प्रेरित कर रही थी।

यह पुस्तक उन्ही विचारों का एक सार है।

भूमिका

मैं आभारी हूँ अपने पूजनीय पिताजी का जो जीवन के आदर्शों को सिखाकर दूसरी दुनियाँ में चले गये, मैं आभारी हूँ अपनी माँ का जो मुझे कैसी भी परिस्थिति में खुश रहना सिखाती है, मैं आभारी हूँ उन दोस्तों का जिसने ये पुस्तक लाने की प्रेरणा दी एवं सहयोग किया, मैं आभारी हूँ उन पाठको का जो मेरी पुस्तक पढ़कर मुझे आगे बढ़ने का आशीर्वाद देंगे।

आमुख

पारस एक ऐसा रहस्यमयी पत्थर होता है जो लोहे को सोना बनाने का सामर्थ्य रखता है, इसी तर्ज पर यह पुस्तक में 50 रचनाएँ लिखी गयी है जिसको पढ़कर आपके मन मस्तिष्क में नयी ऊर्जा का संचार होगा जो आपको अपनी मंजिल तक ले जाने में सहयोग करेगी।

1. पारस:01

पारस:01

तूने एक हसीन ख्वाब क्या तोड़ दिया
ऐ जिंदगी
सोच लिया कि जीना छोड़ दूँगा
अरे मेरे हौसले को नहीं जानता है तू
जिद्द पर आया तो किस्मत मोड़ दूँगा।।

गौतम

2. पारस:02

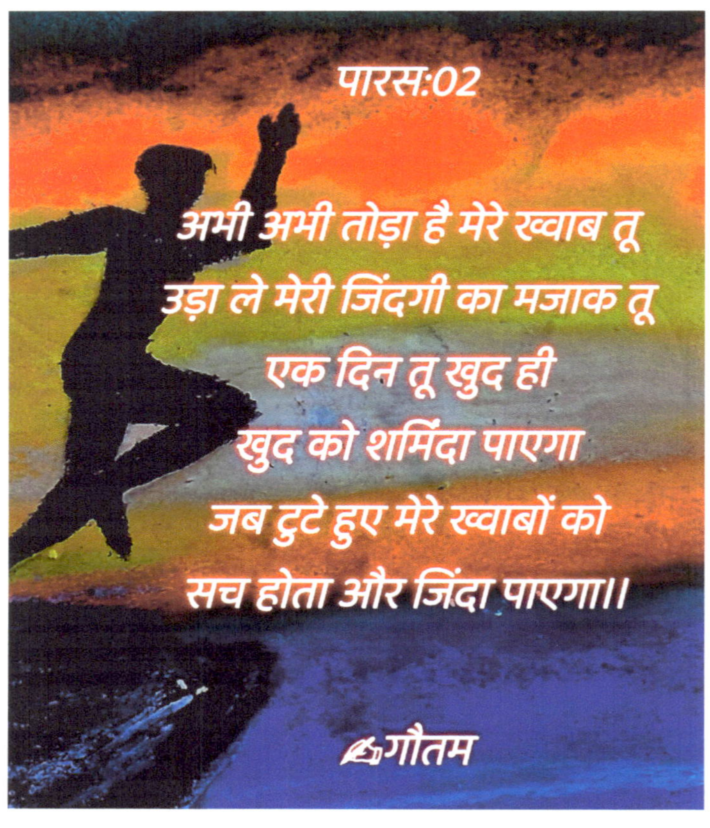

पारस:02

अभी अभी तोड़ा है मेरे ख्वाब तू
उड़ा ले मेरी जिंदगी का मजाक तू
एक दिन तू खुद ही
खुद को शर्मिंदा पाएगा
जब टुटे हुए मेरे ख्वाबों को
सच होता और जिंदा पाएगा।।

गौतम

3. पारस:03

पारस:03

रख हौसला कि
गमों के बादल छट जाएंगे एक दिन
बरसाया है जो पानी इसने
उसे भी काम में लायेंगे एक दिन
बुझा गया है जो दीपक इसने
उसे फिर से जलायेंगे एक दिन
कुछ खो गया है अभी तो क्या
उससे भी बेहतर बनायेंगे एक दिन।।

✍गौतम

4. पारस:04

पारस:04
मुस्कुरा मत ऐ समंदर
ये देख कर कि रास्ता मेरा खत्म हो गया
तुझे पार करने का एक स्वप्न था
जो छन भर में भस्म हो गया
ये मत सोच कि अब
आ जाऊंगा मैं तेरे चरण में
तैर कर तुझे पार करूँगा मैं
गूंज रहा ये शोर, मेरे अंतः करण में ।।
गौतम

5. पारस:05

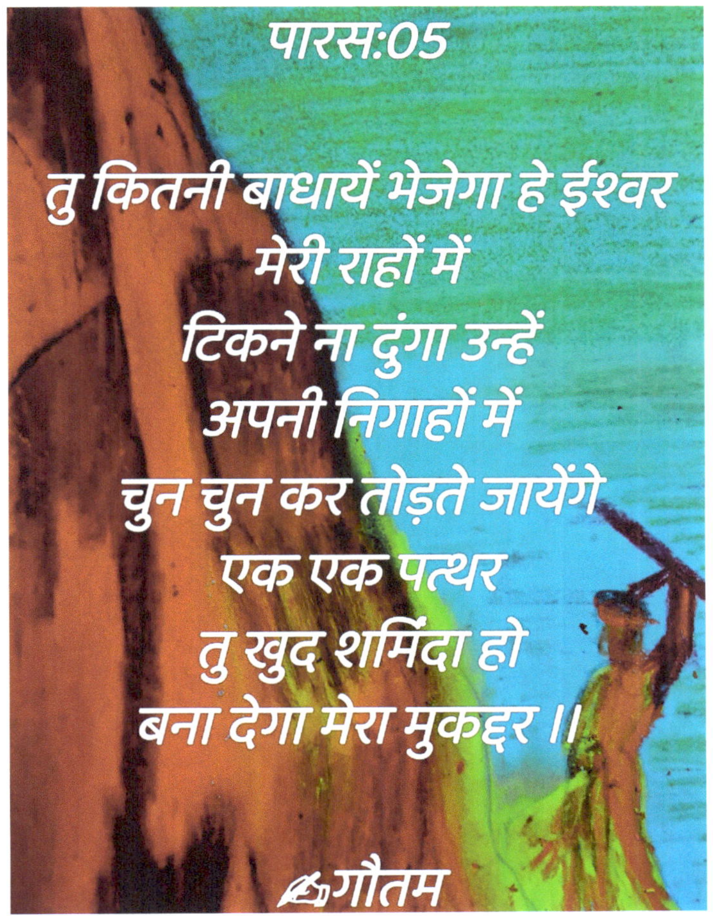

पारस:05
तु कितनी बाधायें भेजेगा हे ईश्वर
मेरी राहों में
टिकने ना दुंगा उन्हें
अपनी निगाहों में
चुन चुन कर तोड़ते जायेंगे
एक एक पत्थर
तु खुद शर्मिंदा हो
बना देगा मेरा मुकद्दर ।।
गौतम

6. पारस:06

दिलों को छलनी करने वाला
कठोर बेरहम
पतझड़ का मौसम
आ गया
सुख गयी जमीन
गर्म हुआ आसमान
तुम कहाँ?
मैं कहाँ?

वो हरे पत्ते
कल उनको बड़ा सुहाते थे
जो भी इस सड़क से
आते जाते थे

कल तक जिनको
इन पत्तों ने
अपने छाँव में रखा था
उन्हीं पत्तों को उन्होंने आज
अपने पाँव में रखा था

वक़्त वक़्त की बात है
वरना कौन किसके साथ है

जिंदगी है कोई जश्न तो नहीं
जो जब मर्जी शुरू
जब मर्जी खत्म
आग लगेगी जब भी
तो मिलेगा क्या?
थोड़ा धुआँ, थोड़ा भस्म

मैं वो पेड़ नहीं
जो पतझड़ से टकरा कर
मुरझा कर, सूख कर शर्मिंदा हूँ
मैं वो पेड़ हूँ
जो बिना पत्तों के भी
सावन के इंतजार में जिंदा हूँ

हौसला है, ख्वाब थोड़े ही है
जो टूट जाएगा
कोई भी आयेगा
और इन्हें बिना सोचे
बिना समझे, लूट जायेगा

कह दो आने वाले सावन को
मेरे हौसले को ना आजमायें
देर से आना हो गर, अबकी बरस
तो जरा और देर से आये।।

गौतम

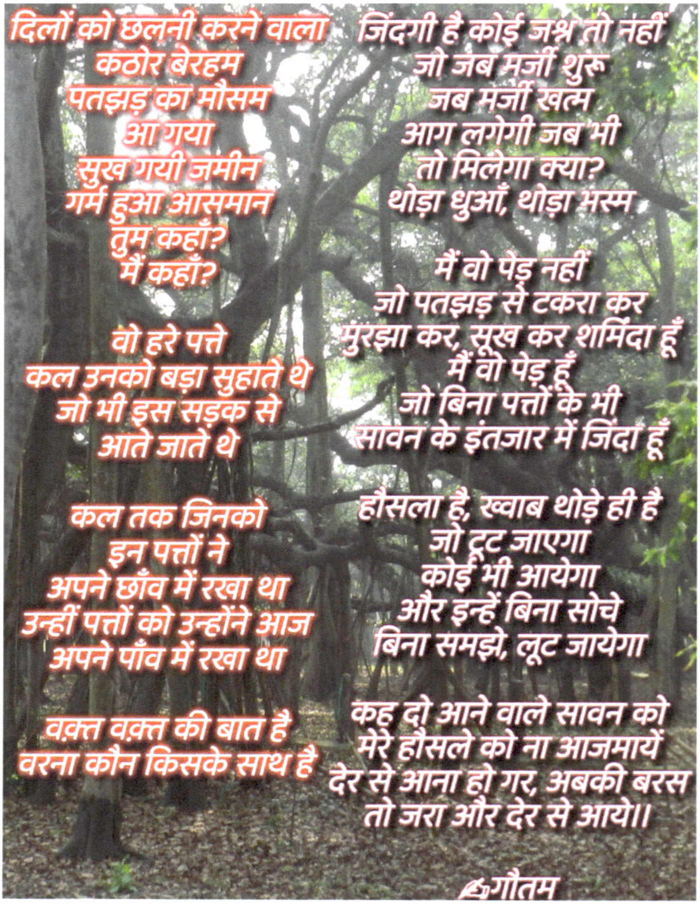

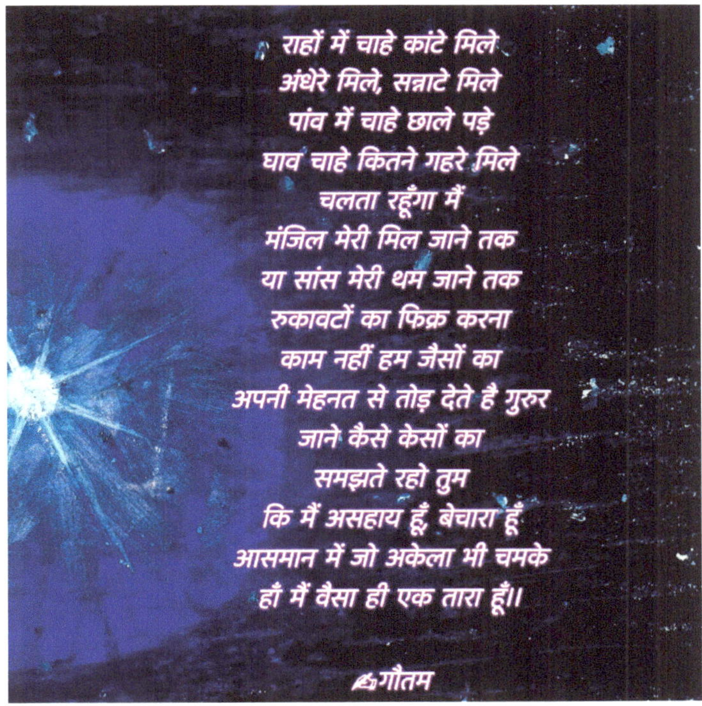

राहों में चाहे कांटे मिले
अंधेरे मिले, सन्नाटे मिले
पांव में चाहे छाले पड़े
घाव चाहे कितने गहरे मिले
चलता रहूँगा मैं
मंजिल मेरी मिल जाने तक
या सांस मेरी थम जाने तक
रुकावटों का फिक्र करना
काम नहीं हम जैसों का
अपनी मेहनत से तोड़ देते है गुरुर
जाने कैसे कैसों का
समझते रहो तुम
कि मैं असहाय हूँ, बेचारा हूँ
आसमान में जो अकेला भी चमके
हाँ मैं वैसा ही एक तारा हूँ।।
गौतम

8. पारस:08

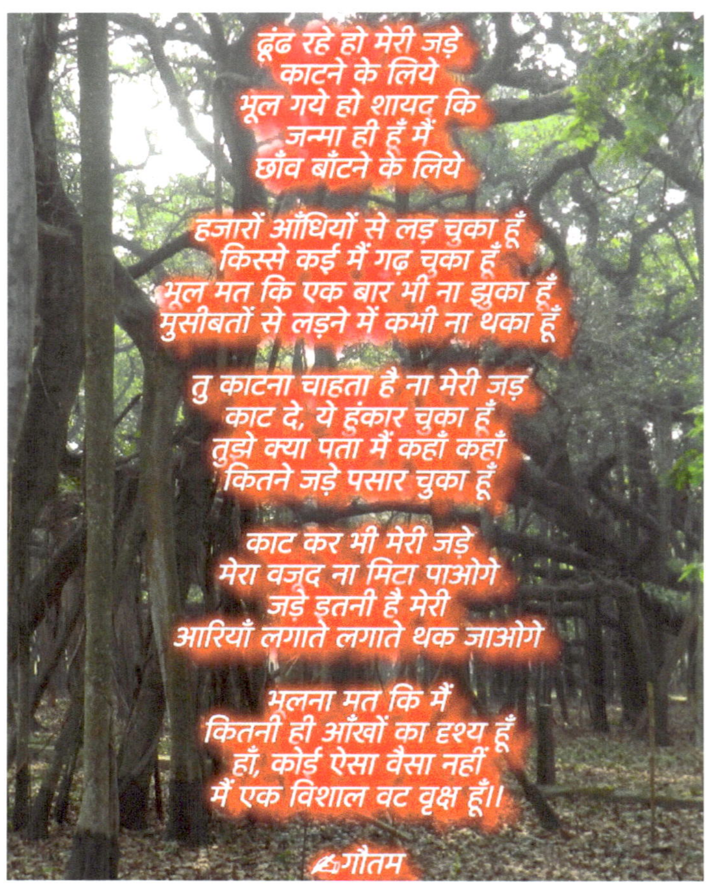

ढूंढ रहे हो मेरी जड़े
काटने के लिये
भूल गये हो शायद कि
जन्मा ही हूँ मैं
छाँव बाँटने के लिये

हजारों आँधियों से लड़ चुका हूँ
किस्से कई मैं गढ़ चुका हूँ
भूल मत कि एक बार भी ना झुका हूँ
मुसीबतों से लड़ने में कभी ना थका हूँ

तु काटना चाहता है ना मेरी जड़
काट दे, ये हुंकार चुका हूँ
तुझे क्या पता मैं कहाँ कहाँ
कितने जड़े पसार चुका हूँ

काट कर भी मेरी जड़े
मेरा वजुद ना मिटा पाओगे
जड़े इतनी है मेरी
आरियाँ लगाते लगाते थक जाओगे

भूलना मत कि मैं
कितनी ही आँखों का हश्य हूँ
हाँ, कोई ऐसा वैसा नहीं
मैं एक विशाल वट वृक्ष हूँ।।

गौतम

9. पारस:09

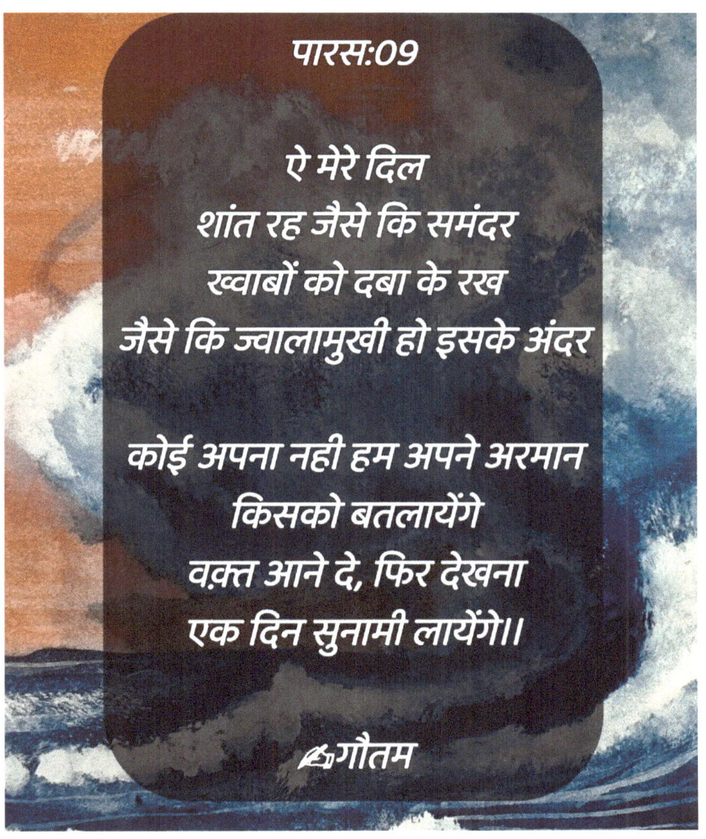

पारस:09

ऐ मेरे दिल
शांत रह जैसे कि समंदर
ख्वाबों को दबा के रख
जैसे कि ज्वालामुखी हो इसके अंदर

कोई अपना नही हम अपने अरमान
किसको बतलायेंगे
वक़्त आने दे, फिर देखना
एक दिन सुनामी लायेंगे।।

गौतम

10. पारस:10

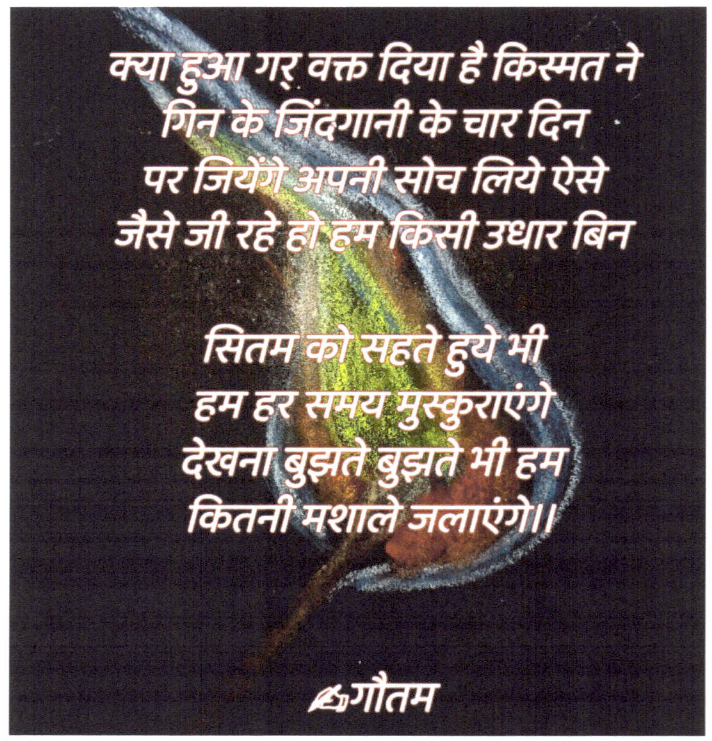

क्या हुआ गर वक्त दिया है किस्मत ने
गिन के जिंदगानी के चार दिन
पर जियेंगे अपनी सोच लिये ऐसे
जैसे जी रहे हो हम किसी उधार बिन

सितम को सहते हुये भी
हम हर समय मुस्कुराएंगे
देखना बुझते बुझते भी हम
कितनी मशाले जलाएंगे।।

गौतम

11. पारस:11

एक नदी थी
अनगिनत नुकीले पत्थर थे
नुकीले पत्थरों ने सोचा
उसके डर से नदी
या तो बहना छोड़ देगी
या फिर अपना रास्ता मोड़ लेगी

लेकिन नदी चुप चाप
बहती रही
पूरी दुनियाँ से कभी ना हारने की बातें
कहती रही

धीरे धीरे एक दिन
नुकीले पत्थर गोल हो गये
एक सुर एक बोल हो गये
दोनो एक साथ ही बहने लगे
एक ही कहानी कहने लगे

जरा सोच कि गर नदी भी
रुक गयी होती हारकर
नुकीले पत्थर भी जश्न मना रहे होते
नदी को मारकर।

गौतम

12. पारस:12

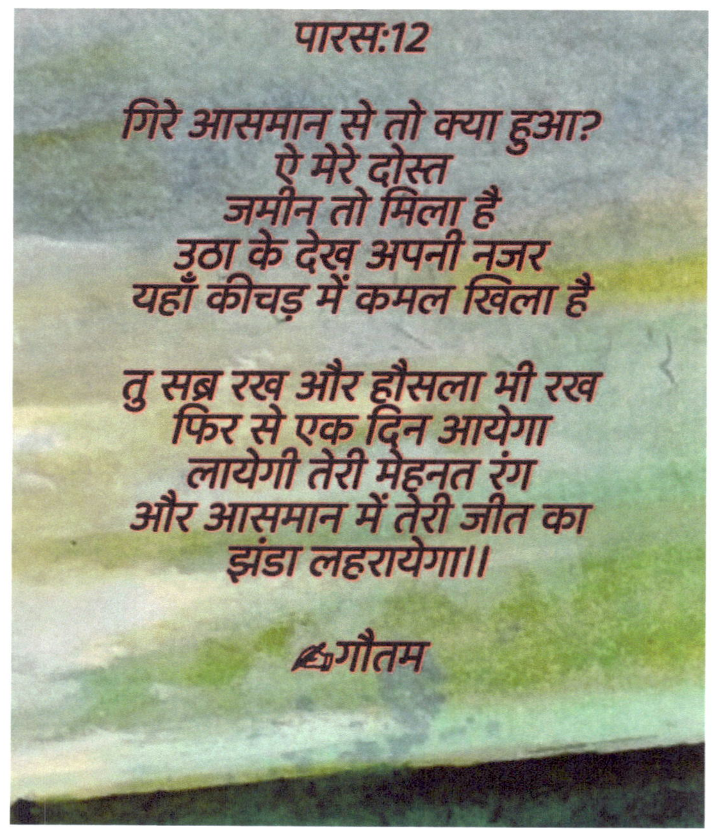

पारस:12

गिरे आसमान से तो क्या हुआ?
ऐ मेरे दोस्त
जमीन तो मिला है
उठा के देख अपनी नजर
यहाँ कीचड़ में कमल खिला है

तु सब्र रख और हौसला भी रख
फिर से एक दिन आयेगा
लायेगी तेरी मेहनत रंग
और आसमान में तेरी जीत का
झंडा लहरायेगा।।

गौतम

13. पारस:13

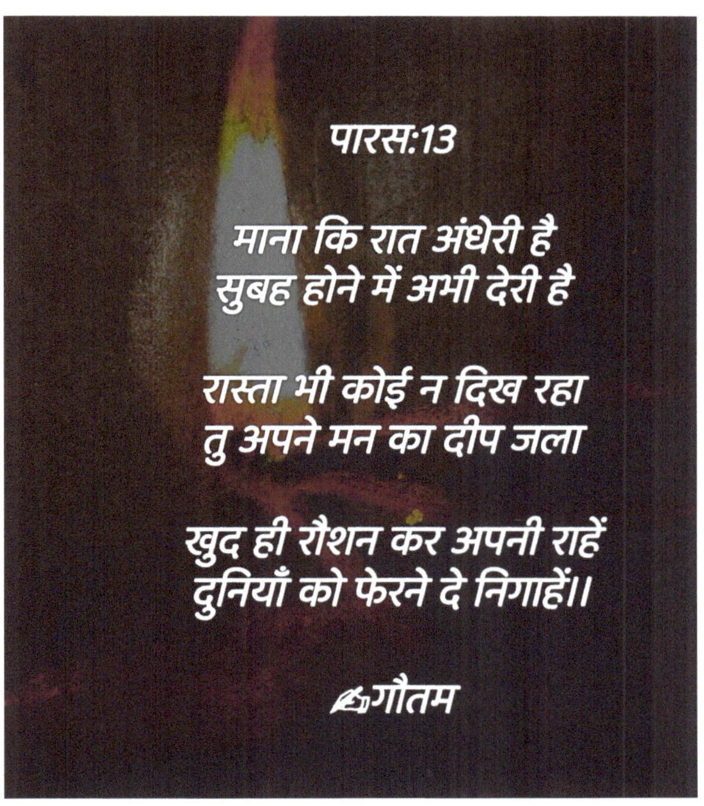

पारस:13

माना कि रात अंधेरी है
सुबह होने में अभी देरी है

रास्ता भी कोई न दिख रहा
तु अपने मन का दीप जला

खुद ही रौशन कर अपनी राहें
दुनियाँ को फेरने दे निगाहें।

गौतम

14. पारस:14

मुसीबतों से भाग मत
सामना कर
हर मुसीबत का हल है
इसका भी होगा
मिल जाये ये तुझे
कामना कर

समझता इसबात को क्यों
प्यारे नहीं
रास्ते बंद हो सकते है
खत्म भी हो सकते है
पर सारे नहीं

एक रास्ता बंद होता
दूसरा खुलता जाता है
जिंदगी उसी की होती
जो नये रास्ते चुनता जाता है।।

ॐगौतम

15. पारस:15

पारस:15

वेसे तो मिट्टी ही हूँ पर
साथ मिले कंकर पत्थर से
छनकर आया हूँ
पानी में सन कर आया हूँ
एक जादूगर के हांथ से
गढ़ कर आया हूँ
धूप में जलकर आया हूँ
आग में तपकर आया हूँ
यूँ ही नहीं मैं
दीप बन पाया हूँ।।

गौतम

16. पारस:16

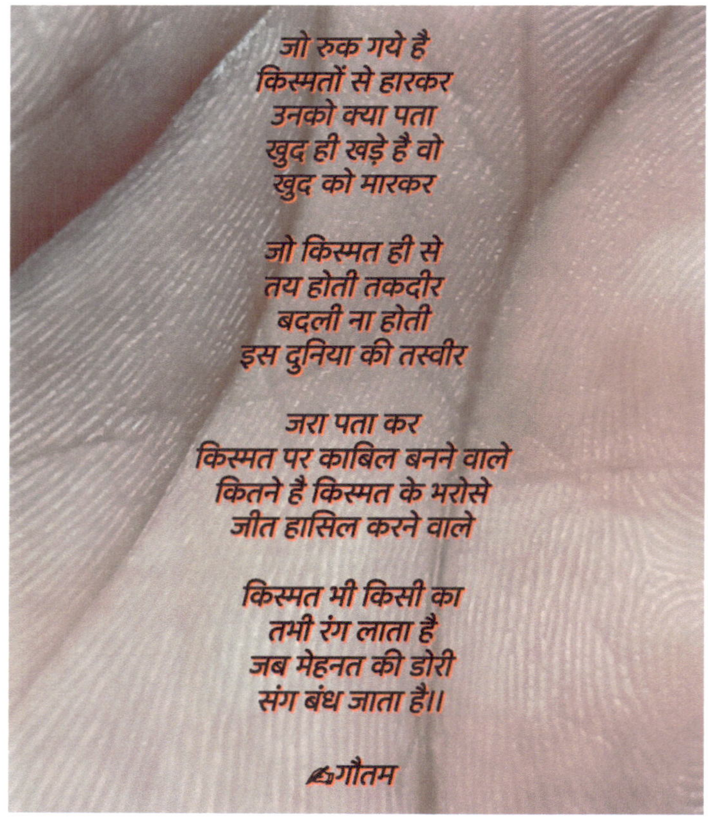

जो रुक गये है
किस्मतों से हारकर
उनको क्या पता
खुद ही खड़े है वो
खुद को मारकर

जो किस्मत ही से
तय होती तकदीर
बदली ना होती
इस दुनिया की तस्वीर

जरा पता कर
किस्मत पर काबिल बनने वाले
कितने है किस्मत के भरोसे
जीत हासिल करने वाले

किस्मत भी किसी का
तभी रंग लाता है
जब मेहनत की डोरी
संग बंध जाता है।।

गौतम

17. पारस:17

टूट टूट कर जुड़ जाना
काम आसान तो नहीं होता
जो टूट कर जुड़ना जानते है
वो शक्स खुद परेशान तो नहीं होता

उम्मीद रख तुझे किसी ने
आज जो तोड़ा है
हाथों को अपने उसने खुद ही
चट्टान पे फोड़ा है

थक जाएगा हार जाएगा
पर हिला ना पाएगा
हो जिसकी जितने की फितरत
उसे हरा ना पाएगा

तु चलता रह बेपरवाह
चाहे रास्ते जैसे भी मिले
मंजिल तक पहुँचने वालों के लिये
कोई रास्ता अनजान तो नहीं होता।।

गौतम

18. पारस:18

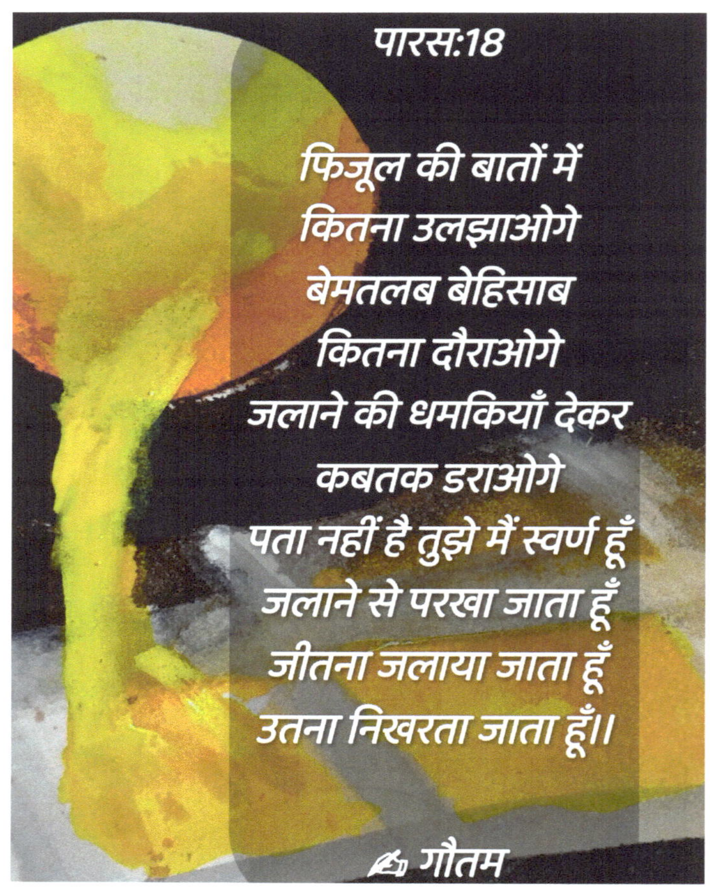

पारस:18

फिजूल की बातों में
कितना उलझाओगे
बेमतलब बेहिसाब
कितना दौराओगे
जलाने की धमकियाँ देकर
कबतक डराओगे
पता नहीं है तुझे मैं स्वर्ण हूँ
जलाने से परखा जाता हूँ
जीतना जलाया जाता हूँ
उतना निखरता जाता हूँ।।

गौतम

19. पारस:19

पारस:19

पुष्प भरे रास्ते को पार कर
कौन सुरवीर बनता है
सुरवीर बनते है वही
जो रुकावटों से लड़ता है

जिसके रास्ते में उसे भेदने को
जितने तीर होते है
हाँ उसका सामना करने वाला
उतने सुरवीर होते है।

गौतम

20. पारस:20

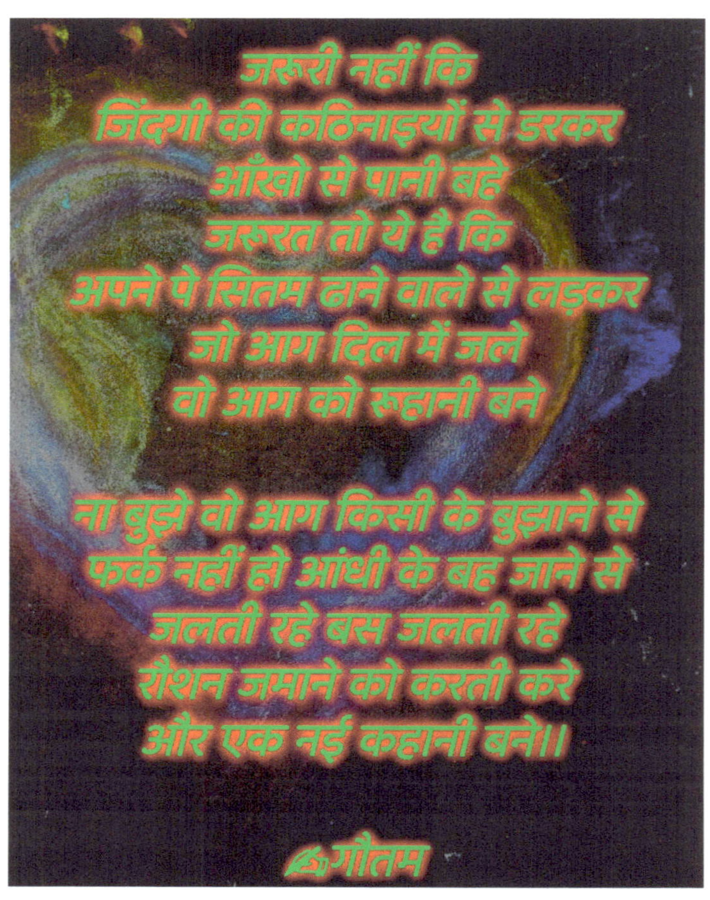

जरूरी नहीं कि
जिंदगी की कठिनाइयों से डरकर
आँखो से पानी बहे
जरूरत तो ये है कि
अपने पे सितम ढाने वाले से लड़कर
जो आग दिल में जले
वो आग को रूहानी बने

ना बुझे वो आग किसी के बुझाने से
फर्क नहीं हो आंधी के बह जाने से
जलती रहे बस जलती रहे
रौशन जमाने को करती करे
और एक नई कहानी बने।।

गौतम

21. पारस:21

धरती पर हवाएँ
रोज चलती है
रोज बदलती है
किस्मत की रेखाएँ
रोज बनती है
रोज बिगड़ती है

पागल है किस्मत की रेखाओं पर
विश्वास करने वाले
झूठी सफलता की
बात करने वाले
झूठी असफलता की
पश्चाताप करने वाले

सफलता असफलता
निर्भर ना होती कभी किस्मत पर
तय होता है परिणाम का हर शब्द
सिर्फ तुम्हारी मेहनत पर

मेहनत कर पसीना बहा
फिर तु सब पर भारी है
एक मंजिल की क्या बात करें
हर मंजिल तुम्हारी है।।

✍गौतम

22. पारस:22

उधार की खुशियाँ
मत खरीद
उधार के गम भी
मत ले
हाँ कोई मदद मांगे तुमसे तो
उसे हौसला दे
हिम्मत दे

किसमें दम नहीं होता
अपनी दुःखों से लड़ने का
किसका मन करता है
बेवजह का सड़ने का

हर कोई लड़ रहा
जिंदगी की जंग यहाँ
जितने वाले नाम कर गये
हारने वाला बना ब्यंग यहाँ

तु भी कोशिश जारी रख
जीत तेरी होगी
एक ने ठुकराया तो क्या
पूरी दुनियां मीत तेरी होगी।।

गौतम

23. पारस:23

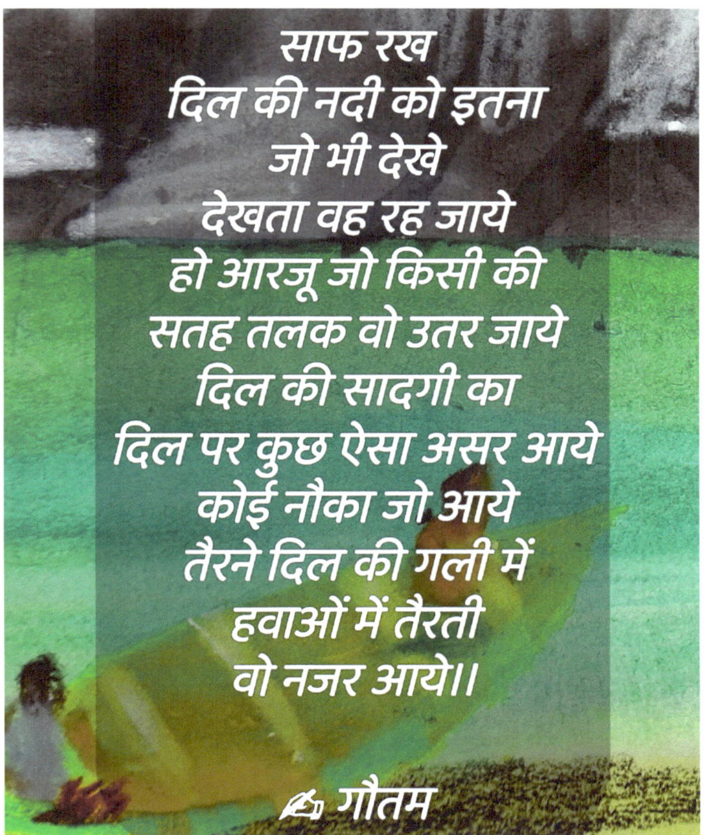

साफ रख
दिल की नदी को इतना
जो भी देखे
देखता वह रह जाये
हो आरजू जो किसी की
सतह तलक वो उतर जाये
दिल की सादगी का
दिल पर कुछ ऐसा असर आये
कोई नौका जो आये
तैरने दिल की गली में
हवाओं में तैरती
वो नजर आये।।
गौतम

24. पारस:24

पारस:24

मेरे रास्ते में मुसीबतें
तु कितनी लायेगा
मेरी जिंदगी में अंधेरा
तु कितना फैलायेगा
छोटा ना एक पल भी
अपना मन करूँगा
जुगनू हूँ मैं
खुद अपनी राह
रौशन करूँगा।।

गौतम

25. पारस:25

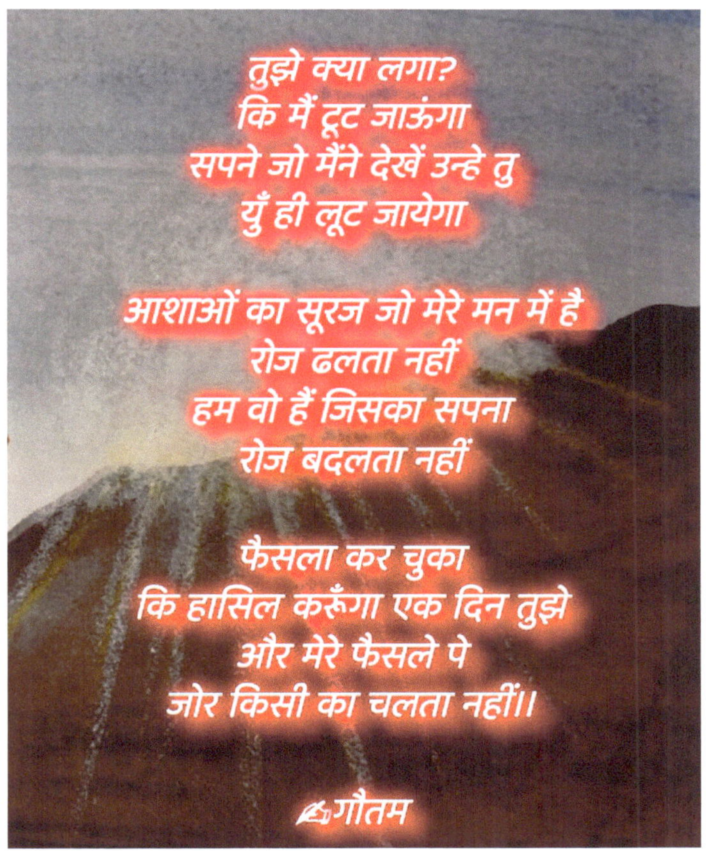

तुझे क्या लगा?
कि मैं टूट जाऊंगा
सपने जो मैंने देखें उन्हे तु
युँ ही लूट जायेगा

आशाओं का सूरज जो मेरे मन में है
रोज ढलता नहीं
हम वो हैं जिसका सपना
रोज बदलता नहीं

फैसला कर चुका
कि हासिल करूँगा एक दिन तुझे
और मेरे फैसले पे
जोर किसी का चलता नहीं।।

गौतम

26. पारस:26

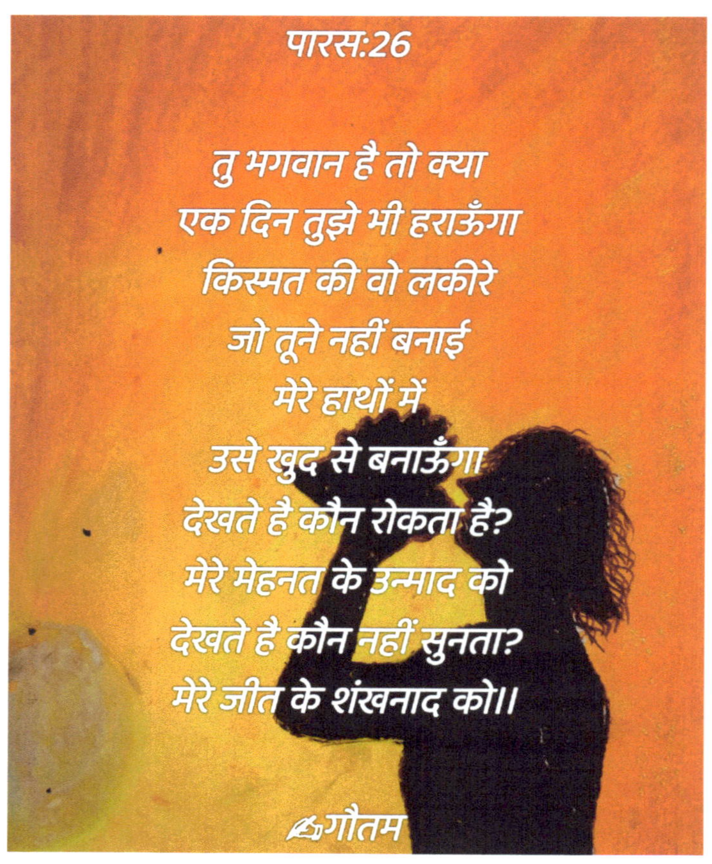

पारस:26

तु भगवान है तो क्या
एक दिन तुझे भी हराऊँगा
किस्मत की वो लकीरे
जो तूने नहीं बनाई
मेरे हाथों में
उसे खुद से बनाऊँगा
देखते है कौन रोकता है?
मेरे मेहनत के उन्माद को
देखते है कौन नहीं सुनता?
मेरे जीत के शंखनाद को।।

गौतम

27. पारस:27

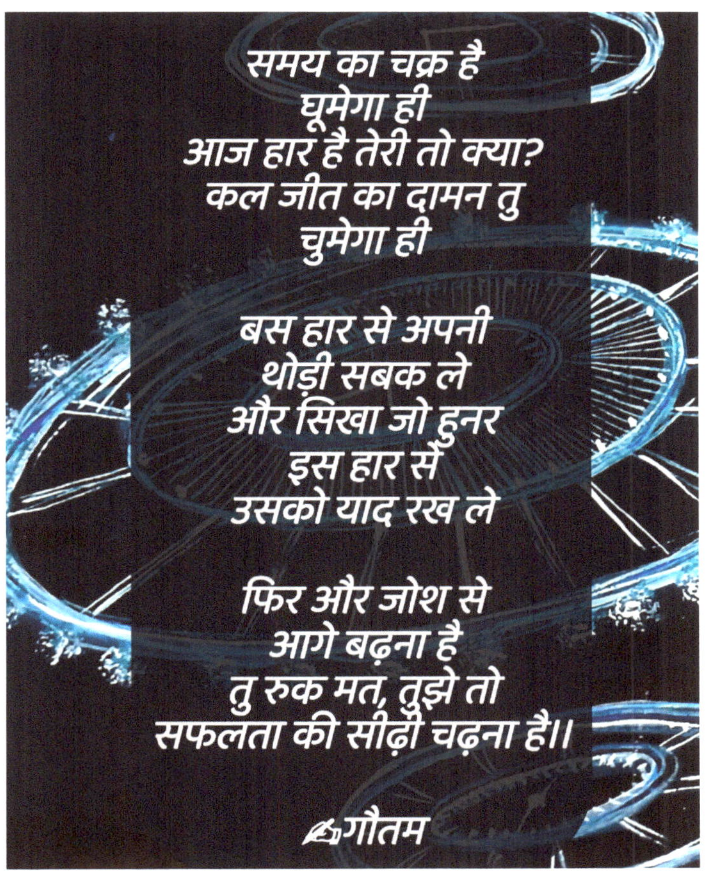

समय का चक्र है
घूमेगा ही
आज हार है तेरी तो क्या?
कल जीत का दामन तु
चुमेगा ही

बस हार से अपनी
थोड़ी सबक ले
और सिखा जो हुनर
इस हार से
उसको याद रख ले

फिर और जोश से
आगे बढ़ना है
तु रुक मत, तुझे तो
सफलता की सीढ़ी चढ़ना है।।

गौतम

28. पारस:28

पारस:28

किस्मत अपने जिद्द पर रहा
और मेरे प्यारे सपनों के
टूटने का सफर चलता रहा
मैं भी अपने जिद्द पर रहा
और अपनी मेहनत से सपनों के
नये आयाम बुनता रहा

उसकी साजिश थी कि
मेरा निकलता सूरज
हर बार निकल कर ढलता रहा
मेरे दिल की भी ख्वाईश थी
और ये मौसम बदलता रहा

सिलसिला ये सपनों के मरम्मद का
ऐसे ही चलता रहा
क्योंकि, वो आग जो मेरे सीने में थी
तेज लपटों के साथ जलता रहा।।

गौतम

29. पारस:29

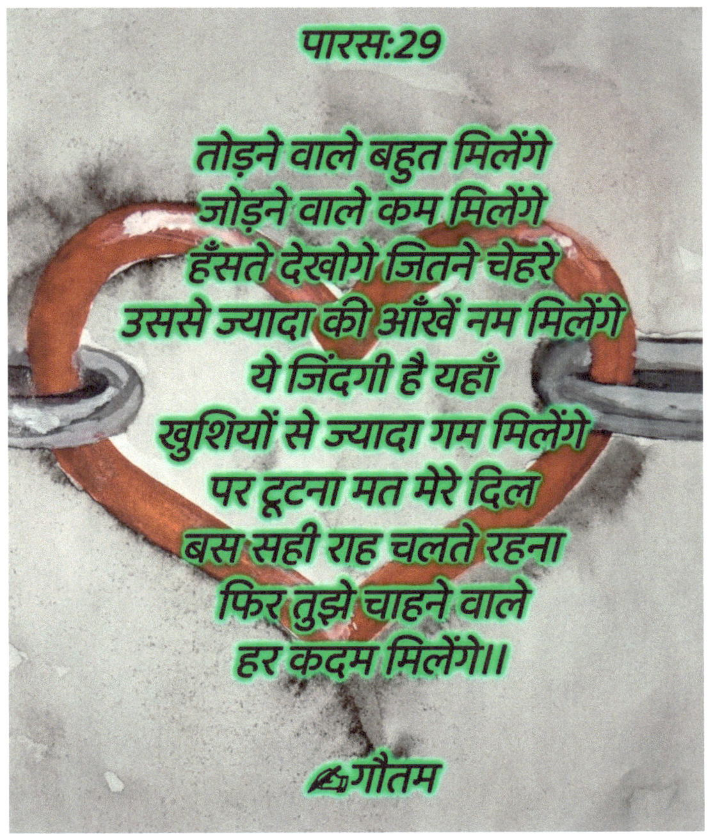

पारस:29

तोड़ने वाले बहुत मिलेंगे
जोड़ने वाले कम मिलेंगे
हँसते देखोगे जितने चेहरे
उससे ज्यादा की आँखें नम मिलेंगे
ये जिंदगी है यहाँ
खुशियों से ज्यादा गम मिलेंगे
पर टूटना मत मेरे दिल
बस सही राह चलते रहना
फिर तुझे चाहने वाले
हर कदम मिलेंगे।।

गौतम

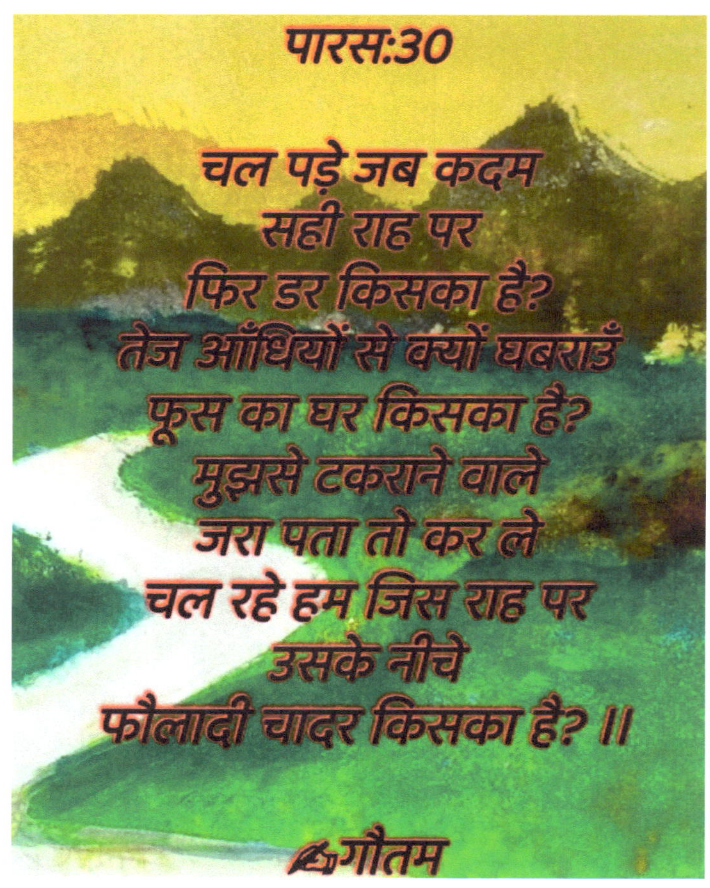

पारस:30

चल पड़े जब कदम
सही राह पर
फिर डर किसका है?
तेज आँधियों से क्यों घबराउँ
फूस का घर किसका है?
मुझसे टकराने वाले
जरा पता तो कर ले
चल रहे हम जिस राह पर
उसके नीचे
फौलादी चादर किसका है? ॥

गौतम

31. पारस:31

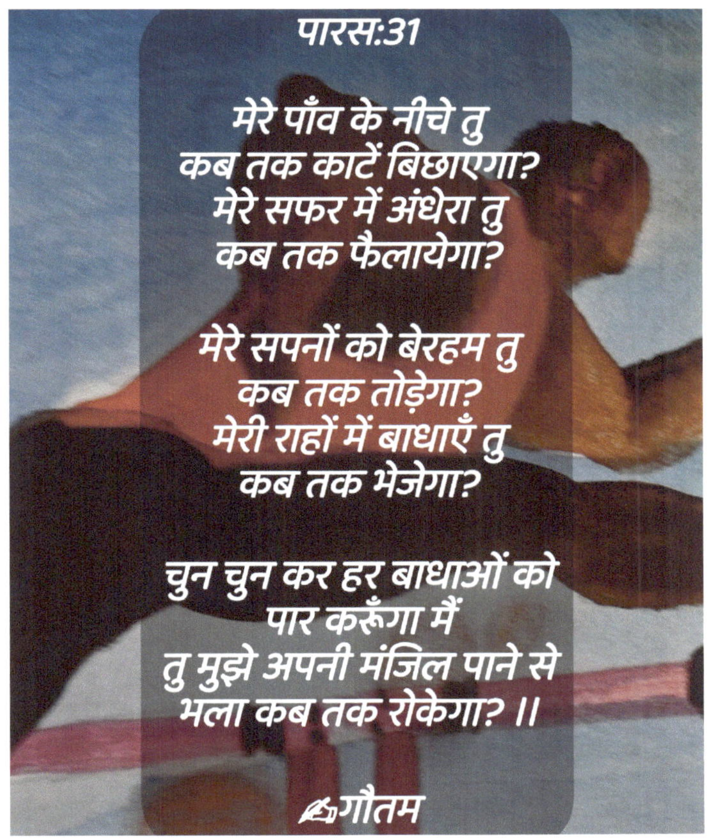

पारस:31

मेरे पाँव के नीचे तु
कब तक काटें बिछाएगा?
मेरे सफर में अंधेरा तु
कब तक फैलायेगा?

मेरे सपनों को बेरहम तु
कब तक तोड़ेगा?
मेरी राहों में बाधाएँ तु
कब तक भेजेगा?

चुन चुन कर हर बाधाओं को
पार करूँगा मैं
तु मुझे अपनी मंजिल पाने से
भला कब तक रोकेगा? ॥

गौतम

32. पारस:32

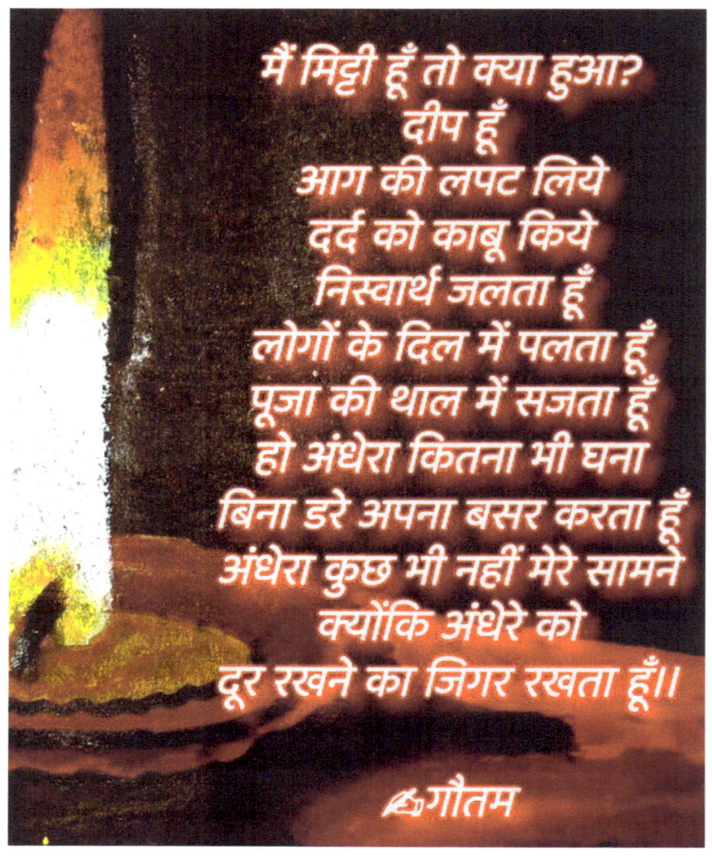

मैं मिट्टी हूँ तो क्या हुआ?
दीप हूँ
आग की लपट लिये
दर्द को काबू किये
निस्वार्थ जलता हूँ
लोगों के दिल में पलता हूँ
पूजा की थाल में सजता हूँ
हो अंधेरा कितना भी घना
बिना डरे अपना बसर करता हूँ
अंधेरा कुछ भी नहीं मेरे सामने
क्योंकि अंधेरे को
दूर रखने का जिगर रखता हूँ।।

गौतम

33. पारस:33

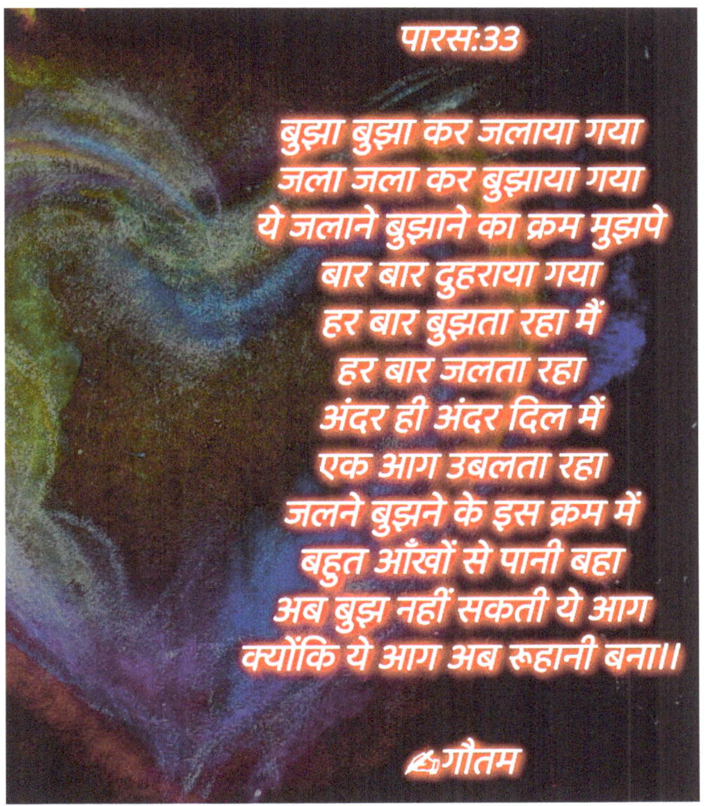
पारस:33

बुझा बुझा कर जलाया गया
जला जला कर बुझाया गया
ये जलाने बुझाने का क्रम मुझपे
बार बार दुहराया गया
हर बार बुझता रहा मैं
हर बार जलता रहा
अंदर ही अंदर दिल में
एक आग उबलता रहा
जलने बुझने के इस क्रम में
बहुत आँखों से पानी बहा
अब बुझ नहीं सकती ये आग
क्योंकि ये आग अब रूहानी बना।।

गौतम

34. पारस:34

उड़ना है तो
उस बाज के जैसे उड़ो
जो आसमान में उड़कर भी
ज़मीन पर नजर रखता है
गिरना है तो
उस झरने की तरह गिरो
जो पहाड़ की उचाइयों से गिरकर भी
समंदर तक पहुँचने का हुनर रखता है
जो जानते नहीं उड़कर भी
ज़मीन की खबर रखना
जो जानते नहीं गिरकर भी
मंजिल की ओर बढ़ते रहना
उसे मजा जीत के जश्न का
जिंदगी में भला किधर मिलता है।।
गौतम

35. पारस:35

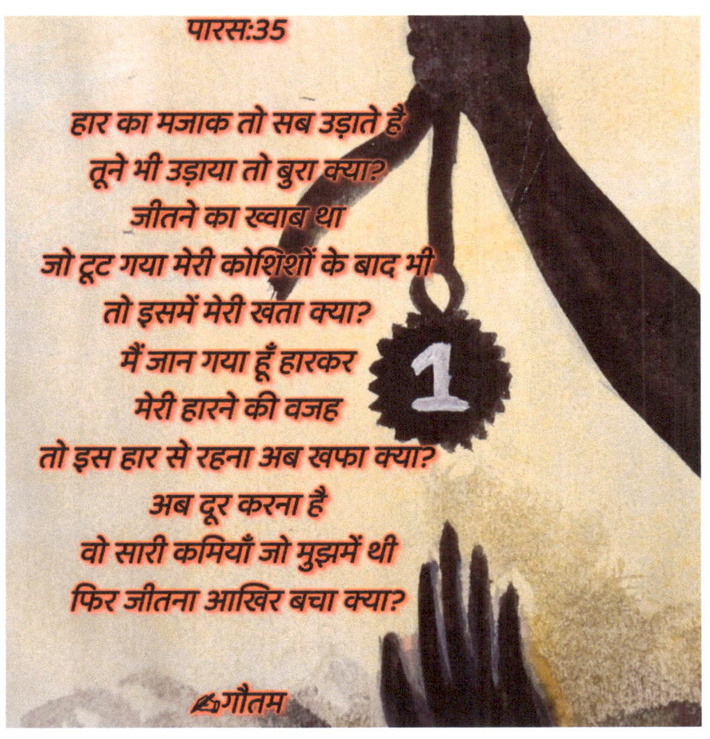

पारस:35

हार का मजाक तो सब उड़ाते हैं
तूने भी उड़ाया तो बुरा क्या?
जीतने का ख्वाब था
जो टूट गया मेरी कोशिशों के बाद भी
तो इसमें मेरी खता क्या?
मैं जान गया हूँ हारकर
मेरी हारने की वजह
तो इस हार से रहना अब खफा क्या?
अब दूर करना है
वो सारी कमियाँ जो मुझमें थी
फिर जीतना आखिर बचा क्या?

गौतम

36. पारस:36

पारस:36

जो छोड़ दे माँझी
नौके को खेना
तो क्या नौका
नदिया पार करेगी??

ना कोई मंज़िल होगा
ना कोई रास्ता होगा
होगी धाराएँ हावी
और नौका उसके संग बहेगी

ज़िंदगी को नौका समझ
मेहनत को पतवार समझ
खुद को एक माँझी समझ
किस्मत को एक धार समझ

खेता रह पतवार ऐ माँझी
साँसें जबतक चलेगी
शीश झुकायेगी धाराएँ
तेरी नौका मंज़िल पार करेगी।

✍गौतम

37. पारस:37

दिल की आग को
यूँ ही जलने दे
कभी नहीं बुझने वाली ये
तो चल इसे सूरज बनने दे

हाँ वही सूरज
जो रोज निकलता है
रोज ढलता है
इरादा लेकिन जिसका
कभी ना बदलता है

कभी काली घटायें
सामने आ जाती है
रोक कर इसकी रौशनी
कुछ देर इतराती है

फिर हवाएँ आती है
इन घटाओं को दूर ले जाती है
सूरज की रौशनी को
एक नया नूर दे जाती है

कभी ग्रहण नाम का राक्षस
अपनी बाजू फैलाये आ जाता है
कुछ देर इसे छुपा जाता है
उगता है फिर भी सूरज
और क्या है वो बतला जाता है

बाधाएँ आते रहेंगे
बाधाएँ जाते रहेंगे
अपने हौसलों से हम भी
सूरज की तरह
हर मुसीबत को हराते रहेंगे।।

गौतम

38. पारस:38

पारस:38

मेरी राहों में खाइयाँ बनाने वाले
कितनी खाइयाँ बनाओगे?
हर खाई को पार कर लेंगे हम
तुम खुद हीं थक जाओगे

खाइयाँ गहरी जो तुम खोदोगे
ये मत सोचो कि मुझे तुम रोकोगे
कर लेते है वो जो भी हम ठानते है
क्योंकि, नई राह बनाना हम जानते है।।

ॐगौतम

39. पारस:39

पारस:39

हर बार बनाता गया मैं
वो रेत का घर
हर बार उजारता गया वो
बेरहम समंदर

हर बार टूटता रहा मैं
अंदर ही अंदर
पसंद नहीं था शायद मेरे दिल को
ये बर्बादी का मंजर

एक दिल था मेरा जो
बिल्कुल नहीं रोता था
वरना वो रेत का घर तो
हर बार तबाह होता था

एक हौसला था मेरा
जो कभी टूटता नहीं था
ऐसा नहीं था कि
पसीना मेरा छूटता नहीं था

हर बार मैं सपनों वाली सोच सा
घर बनाता था
तोड़कर उस घर को वो समंदर
पता नहीं कहाँ ले जाता था

ऐसे टूटता था मेरे सपनों का घर
कि सिर्फ उसका बुनियाद नहीं हिलता था
टूटता था वो जब भी तो
इसका निशां तक नहीं मिलता था

भले टूटे हो कितनी बार
मेरे सपनों वाले रेत का घर
पर मेरे हौसलों पर
जरा भी नहीं हुआ है इसका असर

इसबार, मेरे दिल ने
ये ठाना है
समंदर के आगे रेत का नहीं
फौलाद का घर बनाना है।।

गौतम

40. पारस:40

पारस:40

क्या सोचा था
थक गया हूँ
ढल गया हूँ
नजरों से तेरे मैं
दूर निकल गया हूँ
देख फिर से
निकल आया हूँ यहाँ
रौशन करने
ये सारा जहाँ।।

गौतम

41. पारस:41

पारस:41
भले टूटा हुआ है
जर्रा जर्रा बिखरा हुआ है
पर सपने तो अपने ही है
एक दिन जुड़ जाएंगे

लोग हसते है कि
आज जमीन पर है अपनी पाँव
तो क्या हुआ?
लगा के हौसलों के पंख
एक दिन आसमान में उड़ जाएंगे।
गौतम

42. पारस:42

पारस:42
आये थे हमें हिलाने
खुद ही हिल गये
आये थे हमें जलाने
खुद ही जल गये
फायदा किसका हुआ?
किसका नुकसान हुआ?
ये सोचना उसका काम है
जिसने ऐसे हालात लाये है
झूठ के नींव पर जिसने
अपने घर बनाये है।।
गौतम

43. पारस:43

पारस:43

न जाऊंगा अभी
उनसे कह दो
जो मुझे लेने आये है
कुछ काम अभी बांकी है
जिसने गिराया है जिंदगी में मुझे
सीधा साधा जान कर
उससे, इंतकाम अभी बांकी है

यूँ तो हम भी चले जाते शौक से
पर होंठों से लगा लूँ जिसे
उस जीत का जाम अभी बांकी है
कई शामें गुज़ार लिये है रो रो कर हमने
पर जश्न की वो सुहानी शाम अभी बांकी है।।

गौतम

44. पारस:44

पारस:44

हर बदन में मिट्टी है
हर बदन में आकाश है
हर बदन में पानी है
हर बदन में आग है

हर बदन में हवा है
पर सब्र दिलों में कहाँ है
हो कोई भी रोग यहाँ
हरेक की मर्ज सिर्फ दवा है

कभी कोई किसी के
आँशुओं पे पिघल जाता है
कभी कोई किसी की
तरक्की से जल जाता है

कभी कोई किसी के
भोली सूरत पे फिसल जाता है
कभी जरा सी बात पर
कोई अपना भी दूर निकल जाता है

कौन समझेगा
दूसरों का दर्द यहाँ
बाहर लू चलती है
लोगों के दिल सर्द यहाँ

फैले है खुशियों से ज्यादा
हर ओर यहाँ गम
अच्छा है मन की चारदिवारी
मजबूत बना लें हम।।

गौतम

45. पारस:45

एक खूबसूरत पतंग
बनाया था हमने
धागे भी बड़े प्यार से बांधे थे
सोचा था उड़ेगा
ऊँचे आसमान पर
मेरे कमान पर

कट गया
मेरे सारे अरमान जैसे
एक पल में
सिमट गया

वैसे तो दिल टूट गया था
उस टूटे धागे को समेट रहा था
अपनी मेहनत की कमाई
जैसे लुटता देख रहा था

अब काफी हद तक धागा
मेरे पास था
सच कहूँ तो ये
एक अच्छा अहसास था

तभी दूर आसमान से गिरते
उस पतंग को देखा
वो तो मुझसे भी ज्यादा
उदास था
मेरे गम से ज्यादा गम
तो उसके पास था

जैसे कह रहा हो मुझसे
पता नहीं मुझे कौन पाएगा?
फिर से धागे से बांध
आसमान में उड़ाएगा
या फिर मुझे नोच कर
भट्टी में जलाएगा

कुछ ना सोचा मैं दौरा उसकी ओर
देखता एक टुक
रास्ते के कंकर पत्थर से
बेसुध बेसुध

ठेंस लगी
मैं गिर आया
जिसने पतंग उठाई
उससे भीड़ आया

समझने वाले समझते रहे
ये कैसी जंग थी
क्यों ना लड़ता मैं
वो मेरी पतंग थी

ऐसे ही कैसे गवां देता
जिसे इतने प्यार से बनाया था
किसको पता उसे खूबसूरत बनाने में
मैं रंग कहाँ कहाँ से लाया था।।

✍गौतम

46. पारस:46

पारस:46

ये ना सोच कि
हमेशा अंधेरा रहेगा
रात के उस पार
एक नया सवेरा रहेगा

तु तो बस रात काटने का
जुगार कर
नींद ना आये तो कोई बात नहीं
जागकर एक नई कहानी
तैयार कर

रौशनी ना मिले कहीं से तो
चाँद से मदद ले
तु जी जान से मेहनत कर
अपनी सिद्दत दे

सोच मत कहानी का अंजाम
कोई अच्छी सी नींव रख दे
तु तो बस खुद से ना हारने की
कोई तरकीब रख दे

जिस रात तु ऐसे ही लीन हो
खुद में खो गया
सूरज खुद आएगा बताने तुझे
चल सवेरा हो गया।

✍गौतम

47. पारस:47

देख अमावस की रात
तेरा मन क्यों घबराया?
अंधेरे का एक तेरा साथी
वो दीप वो बाती
दिन का उजाला आते ही
तु फेंक क्यों आया?

जो रखा होता तूने
उसे संभाल के
उसमें थोड़ी सी
तेल या घी डाल के

कोई ना फिर
उलझन होता
आज तेरा भी घर
रौशन होता

अमावस का भी आज
फीका होता असर
जो इससे लड़ने को पहले से
तूने कस लिया होता कमर

अब हार मत मान
कि अंधेरा है
क्योंकि हर अंधेरे के बाद
एक नया सवेरा है।।

गौतम

48. पारस:48

• 48 •

पारस:48

उस अधूरे चाँद को
मुस्कुराते हुए देखा
जैसे दिल ही दिल में
कुछ छुपाते हुए देखा

जैसे कह रहा हो
हम से
पूरे मन से

कमियाँ हमेशा रहेंगी
पर खुश रहो
मंजिल ना मिली तो क्या
हवाओं की तरह बेफिक्र बहो

कुछ खो गया है तो क्या हुआ
जो है उसी से अपनी तक़दीर बना
तु बेकार तो नहीं
चल जिंदगी की नई तस्वीर बना।।

–गौतम

49. पारस:49

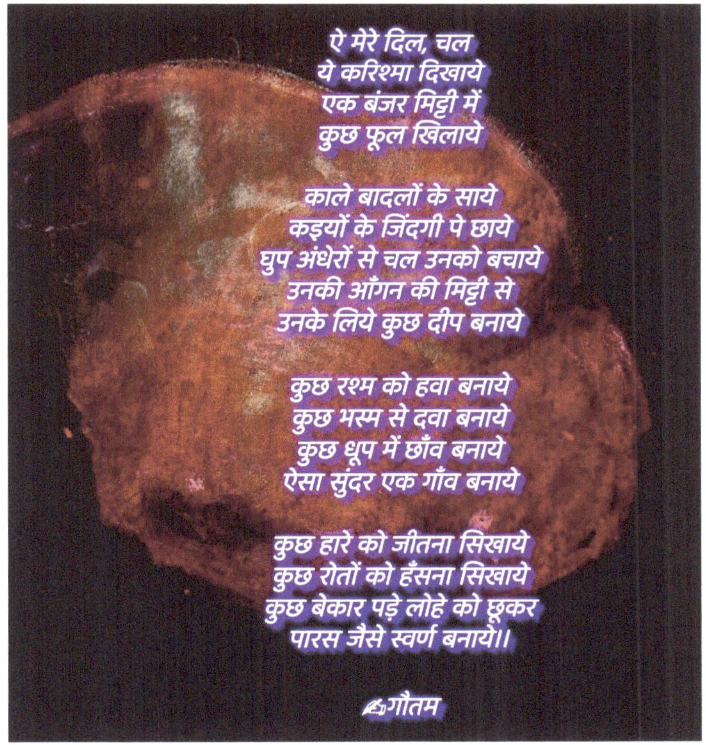

ऐ मेरे दिल, चल
ये करिश्मा दिखाये
एक बंजर मिट्टी में
कुछ फूल खिलाये

काले बादलों के साये
कइयों के जिंदगी पे छाये
घुप अंधेरों से चल उनको बचाये
उनकी आँगन की मिट्टी से
उनके लिये कुछ दीप बनाये

कुछ रश्म को हवा बनाये
कुछ भस्म से दवा बनाये
कुछ धूप में छाँव बनाये
ऐसा सुंदर एक गाँव बनाये

कुछ हारे को जीतना सिखाये
कुछ रोतों को हँसना सिखाये
कुछ बेकार पड़े लोहे को छूकर
पारस जैसे स्वर्ण बनाये।।

गौतम

50. पारस:50

पारस:50

जितना बाहर हूँ
उससे कहीं ज्यादा अंदर हूँ
अपनी मेहनत से लिखता
खुद का मुकद्दर हूँ
हमें शांत समझने की
भूल मत करना
बेशक शांत हूँ
पर समंदर हूँ।।

गौतम